AF268059

NOTICE BIOGRAPHIQUE

SUR

L'ABBÉ CAMBIER

ANCIEN ÉLÈVE DE L'ÉCOLE NORMALE ET MISSIONNAIRE APOSTOLIQUE

MORT EN CHINE LE 12 JUIN 1866

PAR

Le R. P. Adolphe PERRAUD

PRÊTRE DE L'ORATOIRE, PROFESSEUR A LA FACULTÉ DE THÉOLOGIE DE PARIS.

——•——

LILLE | **PARIS**

BÉAGHE, IMPRIMEUR-LIBRAIRE | DOUNIOL, LIBRAIRE-ÉDITEUR
17, rue de Paris. | 29, rue de Tournon.

——

1867

L'ABBÉ CAMBIER

ANCIEN ÉLÈVE DE L'ÉCOLE NORMALE

ET

MISSIONNAIRE APOSTOLIQUE.

Orléans. — Imp. Ernest COLAS.

NOTICE BIOGRAPHIQUE

SUR

L'ABBÉ CAMBIER

ANCIEN ÉLÈVE DE L'ÉCOLE NORMALE ET MISSIONNAIRE APOSTOLIQUE

MORT EN CHINE LE 12 JUIN 1866

PAR

Le R. P. Adolphe PERRAUD

PRÊTRE DE L'ORATOIRE, PROFESSEUR A LA FACULTÉ DE THÉOLOGIE DE PARIS.

———•———

<table>
<tr><td>LILLE</td><td>PARIS</td></tr>
<tr><td>BÉAGHE, IMPRIMEUR-LIBRAIRE</td><td>DOUNIOL, LIBRAIRE-ÉDITEUR</td></tr>
<tr><td>17, rue de Paris.</td><td>29, rue de Tournon.</td></tr>
</table>

1867

L'ABBÉ CAMBIER

ANCIEN ÉLÈVE DE L'ÉCOLE NORMALE

ET

MISSIONNAIRE APOSTOLIQUE.

I

Désiré-Edouard-Joseph CAMBIER naquit à Lille le 22 janvier 1826. Il perdit son père, ancien officier des armées de l'empire en 1835, n'ayant encore que neuf ans. Son éducation fut donc faite presque tout entière par sa mère, femme d'une remarquable énergie et d'une piété profonde, dont le vœu le plus cher, conforme à celui de son mari mourant, était de voir un jour leur unique enfant embrasser l'état ecclésiastique.

Après avoir fait ses premières études dans une petite pension de la ville, le jeune Désiré entra en troisième au collège communal, depuis Lycée de Lille. Il y obtint de brillants succès. Mais bientôt, la pensée du sacerdoce qu'il avait eue très-vive dans son enfance, surtout à partir de sa première communion, se voila dans son esprit, et fit place à d'autres préoccupations. Pendant son année de philosophie, notre écolier avait renoncé au Séminaire et était décidé à se présenter à l'Ecole Normale, pour suivre la carrière de l'enseignement. Afin de s'y préparer, il vint à Paris au commencement de l'année scolaire 1846-1847 ; suivit d'abord pendant un an les cours de rhétorique du Lycée Charlemagne sous la direction du savant M. Berger (1), puis pendant une autre année les conférences de Sainte-Barbe, et fut admis à l'Ecole Normale, dans la section des lettres, au mois d'octobre 1848.

(1) Aujourd'hui professeur d'éloquence latine à la Faculté des Lettres.

Il s'y distingua bientôt par des aptitudes littéraires et philoso-phiques peu communes. Un style à la fois ferme et brillant, joint à une puissance d'analyse et à une finesse de critique dont ses maîtres, MM. Jules Simon et Emile Saisset, firent plus d'une fois l'éloge : telles étaient les qualités dominantes de son talent. Un goût très-vif pour l'antiquité classique, grecque et latine, l'avait familiarisé avec les chefs-d'œuvres des anciens, et il portait jusqu'à la perfection l'art d'écrire en latin, soit en prose, soit en vers. Ce goût, on le verra par la suite de cette notice, le suivit jusque dans les vicissitudes les plus agitées des derniers temps de sa vie, et il ne cessa jamais d'écrire avec une pureté remarquable la belle langue de Cicéron, de Virgile et d'Horace. C'était pour la philosophie cependant qu'il se sentait un attrait décidé, et ses camarades se rappellent la mention très flatteuse qu'obtint un jour de M. Vacherot un travail de notre ami sur Platon et sur Malebranche.

Aussi, après avoir été reçu licencié-ès-lettres à la fin de sa première année (juillet 1849), et conquis par là le droit de choisir la branche spéciale d'enseignement à laquelle il désirait se vouer, il obtint sans peine du directeur de l'Ecole, M. Dubois, qui avait pour le talent et pour le caractère de Cambier la plus vive estime, l'autorisation d'entrer dans la section de philosophie.

Ce qui manquait le plus à cette époque à notre condisciple, et ce qu'il acquit depuis, mais seulement au prix des plus vigoureux et des plus persévérants efforts, c'était la facilité de la parole. Une conception ardente, des idées très-nettes, des sentiments très-généreux et très-chauds ne trouvaient sur ses lèvres qu'une expression pénible, sacca-dée, hésitante. Plus tard il sut triompher de ces difficultés. On sentait toujours, il est vrai, dans sa parole, une sorte de lutte entre la pensée vivement saisie et l'expression parfois rebelle à la suivre. Mais cette lutte au lieu d'être fatigante pour les auditeurs, donnait à sa parole beaucoup de relief, d'originalité et de vie.

La pensée du sacerdoce semblait avoir pour toujours quitté Cambier au seuil du collège. Il ne se doutait guères qu'il l'allait retrouver der-rière les murs de l'Ecole Normale.

Un critique éminent, en rendant compte du livre d'un de nos an-ciens camarades (1), traçait naguères, de l'état des esprits à l'Ecole

(1) M. Sainte-Beuve, article du *Constitutionnel* sur l'*Histoire de la Littérature an-glaise* de M. Taine, mai 1864.

pendant les années 1848 et 1849, un tableau plein de vérité et de mouvement. Notre promotion, plus ancienne d'un an que celle dont Cambier faisait partie, avait vu de près toutes les scènes dont Paris avait été le théâtre depuis le mois de février jusqu'au mois de juin 1848. Plus d'une fois même elle avait été mêlée à quelques-uns des épisodes les plus émouvants de cette époque si agitée. On se représente aisément l'effet d'une vie si nouvelle sur des jeunes gens de vingt ans, arrachés tout d'un coup aux études les plus paisibles pour devenir des soldats improvisés, quittant Démosthène et Eschyle pour le fusil de munition, partageant pendant trois mois avec les élèves des Ecoles Polytechnique et Saint-Cyr le service militaire de la ville de Paris, et prenant l'intérêt le plus vif à toutes ces luttes d'idées et de systèmes qui passionnèrent alors tant d'esprits.

Les questions religieuses, on le pense bien, n'avaient pas la dernière place dans ces discussions qui, commencées le soir, à la veillée, autour du poêle de la salle d'études, se prolongeaient souvent bien avant dans la nuit, en dépit des réprimandes réitérées des maîtres surveillants, et des *chut* désespérés des camarades dont ces interminables controverses troublaient le sommeil.

Du reste, la vivacité des querelles dogmatiques n'altéra jamais entre nous la plus cordiale et la plus sincère fraternité, et je crois pouvoir affirmer que dans aucune autre promotion les relations entre camarades n'ont été plus fortes et plus durables.

Pour ceux qui avaient salué dans la révolution de février la rénovation de toutes choses, et comme la palingénésie de tout l'ordre social, l'Eglise catholique ne trouvait pas plus grâce que ces formes de gouvernement emportées si loin dans une tempête de vingt-quatre heures. Que d'accusations portées contre elle ! Que de thèses passionnées contre ses dogmes, son histoire, sa hiérarchie, sa discipline ! Quelle promptitude à la condamner et à la déclarer déchue du droit de gouverner les âmes !

Mais si l'attaque était vive, la défense ne l'était pas moins. Les catholiques n'avaient pas l'avantage du nombre Ils sentirent bientôt le besoin de se rapprocher et de se concerter pour défendre le plus honorablement possible le drapeau commun. Nous examinions ensemble les objections qui présentaient le plus de difficultés. Pour les résoudre, nous cherchions des textes dans la Bible et dans les Pères, des arguments dans les philosophes et les théologiens. Quand notre ınexpérience se trouvait trop embarrassée, nous recourions à notre cher aumônier, l'abbé Gratry, déjà la lumière et la force de tous les jeunes gens qui voulaient concilier la science avec la foi, et marcher avec leur siècle en demeurant humblement soumis à l'Eglise de tous les siècles.

Je vois encore d'ici cette grande chambre du palais du Luxembourg, où l'abbé Gratry, chargé du service de l'ancienne chapelle de la Chambre des Pairs en même temps que de l'aumônerie de l'Ecole, nous recevait habituellement le jeudi. Il préparait dès cette époque les matériaux de ce beau livre sur la connaissance de Dieu qui, couronné quelques années plus tard par l'Académie française, a été justement placé par l'opinion publique au nombre des grands monuments de la philosophie chrétienne.

Nous lui faisions part de nos luttes, nous lui soumettions les difficultés dont notre ignorance théologique nous rendait incapables de triompher seuls; nous recourions à ses conseils pour les lectures qu'il était opportun de faire. Bref, il était vraiment le général de ce petit bataillon de catholiques appelé à descendre tous les jours sur le terrain des discussions religieuses, attaqué souvent de tous les côtés à la fois, obligé de faire front de toutes parts et de se multiplier pour suffire à tout.

Nous recrutâmes bientôt dans la promotion qui nous suivit de vaillants auxiliaires, et pour ne pas citer d'autres noms, honorablement connus depuis par leurs talents et leurs services universitaires, Cambier fut un de nos meilleurs soldats. S'il laissait à d'autres, pour la raison indiquée plus haut, les hasards de la parole, il excellait à fournir à ses amis les armes les mieux trempées. Saisir le côté faible des objections, montrer par quelle méthode on pouvait pousser les adversaires, chercher avec un merveilleux instinct et trouver avec un rare bonheur les textes de l'Ecriture ou des Pères les plus propres à rétablir dans son intégrité cette doctrine que les préjugés passionnés de nos camarades tendaient perpétuellement à défigurer : tel était son rôle dans notre vie militante, et il s'en acquittait avec un zèle, un désintéressement et un oubli de lui-même qui trahissaient une âme uniquement préoccupée des intérêts de la vérité.

Tout ce travail, fécondé par la grâce de Dieu, ne devait pas tarder à porter ses fruits. Comme plusieurs de ceux qui composaient ce petit groupe, Cambier se sentait pour l'enseignement une vocation très-décidée. Reçu bachelier ès-sciences au commencement de sa troisième année d'école, il réunissait toutes les conditions exigées par les réglements pour se préparer à l'agrégation spéciale de philosophie. Au mois de mai 1851, il fut envoyé, suivant l'usage, faire l'essai du professorat dans un des lycées de Paris, et chargé de suppléer pendant quelques semaines M. Vallette, professeur au lycée Louis-le-Grand.

La partie du programme qu'il avait à développer devant son jeune auditoire était la théodicée. On peut juger, par les extraits suivants de sa correspondance, des dispositions avec lesquelles il abordait sa mission. Il écrivait le 11 avril 1851 à un de nous :

« Il m'est doux de penser que c'est par cette science divine de la
« théodicée, et avec le mois de mai, que j'inaugurerai mon ensei-
« gnement. Puisse Dieu bénir ces prémices qui lui seront consacrées,
« et me faire la grâce de parler dignement de lui ! Puisse la sainte
« Vierge Marie m'assister de sa protection dans cette difficile tâche
« que j'entreprends sous ses auspices ! Oh ! que n'ai-je la foi vive et
« l'ardente charité des saints pour faire croire et aimer Dieu comme
« il mérite de l'être, par ces jeunes âmes qui passeront un instant par
« mon enseignement ! Que ne puis-je leur donner autre chose que
« de vaines formules et des arguments scientifiques qui dessèchent le
« cœur et convainquent rarement l'esprit ! Que n'ai-je en moi l'abon-
« dance de la grâce pour la répandre au dehors, et faire parler en
« moi l'Esprit-Saint à la place de ce faible et novice professeur qui
« n'a pas reçu de la nature, tant s'en faut, le don d'éloquence. Aussi
« sera-ce surtout par la prière que je me préparerai à cette difficile
« épreuve. Tu prieras avec moi, mon cher ami, afin que Dieu me
« donne cette grâce de la parole qui touche et pénètre les cœurs, et
« leur communique cet amour de la vérité qui est la vie de
« l'âme. »

L'épreuve imposée à notre ami avait réussi beaucoup mieux qu'il ne l'avait espéré. Il dut même, sur la demande des élèves, prolonger son enseignement de quinze jours pour avoir le temps d'achever la théodicée. Ce succès inespéré redoubla son ardeur, et il vit plus que jamais dans l'enseignement un véritable apostolat.

On peut juger, du reste, par le fragment suivant d'une de ses lettres de la haute idée qu'il se faisait de la mission du professeur :

« Quel plaisir véritable j'aurai alors, écrivait-il, si Dieu me prête
« les forces et la lumière nécessaires, à inspirer à ces jeunes âmes
« l'amour de la vérité et du bien ; à leur distribuer non plus quelques

« leçons de philosophie, mais tout un enseignement complet, un, qui
« les mènera par tous les côtés, je l'espère, à ce qui doit être le but
« de tous nos efforts, de toutes nos études, de toute notre vie ! Quel
« plaisir de leur parler tout seul pendant une année, de gagner leur
« confiance, de s'en faire aimer, de les voir accueillir comme la
« vérité et graver dans leurs cœurs toutes les paroles qui tombent de
« sa bouche, en un mot, de rendre ces âmes siennes, et de vivre en
« elles et par elles ! »

Depuis un an déjà, Cambier et ses amis avaient pris en commun
une résolution qui devait rapidement conduire quelques-uns d'entre
eux au sacerdoce. Au moment cependant où ils la prenaient, ni leurs
pensées ni leurs désirs ne se portaient au-delà d'une vie laïque, mais
aussi sérieuse, aussi réglée, aussi dévouée pour ainsi dire que le sacerdoce lui-même. Le jour de l'Ascension 1850, le 9 mai, après avoir
longtemps mûri ce dessein dans la prière, nous allions annoncer à
notre père spirituel, l'abbé Gratry, la ferme intention où nous étions
de demeurer libres des liens du mariage, et tout en remplissant nos
fonctions de professeurs dans les divers lieux où la Providence nous
enverrait, de ne jamais cesser de travailler ensemble pour la défense
de la vérité et de la religion.

Cette nouvelle combla de joie notre cher aumônier. Elle venait le
confirmer dans un dessein qu'il avait aussi longtemps porté devant
Dieu, dont il avait déjà entretenu quelques amis intimes, et au sujet
duquel il avait reçu les plus précieux encouragements. Lui-même
nous en fit la confidence lorsque, quelques mois après, notre résolution primitive se fut modifiée sous l'action de la grâce de Dieu, et
que nous nous fûmes décidés à quitter le monde pour nous préparer
au sacerdoce. Il s'agissait d'unir, par les liens d'une vie commune,
quelques prêtres qui se dévoueraient ensemble à défendre la religion
et l'Eglise ; qui feraient effort pour porter dans toutes les directions de
l'esprit humain la lumière de l'Evangile ; qui associeraient leurs
prières et leurs études, leurs travaux écrits et leur parole, pour
opposer aux envahissements de la science fausse et impie une apo-
logie de la foi capable de défier la critique des adversaires, et en
même temps d'avancer chez les chrétiens l'œuvre du règne de Dieu.

J'ai dit ailleurs (1), et je n'ai point à répéter ici, comment ces

(1) Dans le livre intitulé : *L'Oratoire de France au* xviie *et au* xixe *siècle.* — Voir
aussi à ce sujet le livre du P. Gratry sur notre cher Henri Perreyve. Part. aux pages
103 et suiv. de l'éd. in-8°.

pensées longtemps méditées et mûries dans le secret des communications intimes furent le germe de cette restauration de l'Oratoire à laquelle, un des premiers, Cambier était destiné à consacrer ses efforts. Mais au moment où il quittait l'Ecole normale (sept. 1851), les hommes auxquels Dieu devait confier les commencements de cet œuvre n'étaient pas encore prêts. On dut s'ajourner à un an, et pour perdre le moins de temps possible, Cambier se décida à ne point occuper la chaire de philosophie qui lui était offerte. Mgr Dupanloup instruit de toutes les pensées qui devaient bientôt aboutir au rétablissement de l'Oratoire, voulut les seconder avec sa générosité accoutumée. L'abbé Gratry venait de quitter l'aumônerie de l'Ecole Normale : Mgr Dupanloup lui offrit les lettres de vicaire général d'Orléans et l'invita à venir résider à l'Evêché. Il mettait en même temps à la disposition de notre ami Cambier une cellule de son grand séminaire et prenait à sa charge tous les frais de son entretien.

II

Cette année passée au séminaire d'Orléans (1851-1852), fut assurément une des plus fécondes et des plus heureuses de la vie de notre ami ; et je trouve dans sa correspondance d'alors des souvenirs précieux de son séjour dans cette sainte Maison, avec la trace visible des grâces nombreuses qu'il y reçut. Il y arrivait en même temps que deux hommes qui venaient comme lui de quitter le monde pour se consacrer à Dieu, et avec lesquels le lia de bonne heure l'analogie des vocations. L'un était M. l'abbé Manec, aujourd'hui vicaire général d'Agen ; l'autre M. Hetsch, actuellement supérieur du Petit-Séminaire de La Chapelle.

Les débuts dans la vie du séminaire furent un peu pénibles à notre ami. Habitué à ces longues heures d'étude à la faveur desquelles nous pouvions, à l'Ecole Normale, entreprendre et exécuter d'importants travaux, il éprouva quelques difficultés à concilier le goût si vif dont il était rempli pour la théologie, avec ce morcellement du temps et cette multiplicité des exercices qu'imposent les règles du Séminaire. Mais ce qui était obstacle et gêne pour son intelligence devint bien vite une occasion d'efforts et de mérite pour sa volonté ; d'ailleurs sa foi si vive, sa piété si tendre, trouvaient dans ces mêmes exercices du

Séminaire un aliment continuel. Quelques semaines s'étaient à peine
écoulées que ses supérieurs l'invitèrent à prendre l'habit ecclésiastique,
et le 22 novembre 1851, le lendemain de cette belle fête de la
Présentation où il avait revêtu la soutane, il m'écrivait : « C'est hier
« que j'ai dépouillé sans retour l'habit du siècle pour revetir les saintes
« livrées de Jésus-Christ. Sainte robe ! Je l'aime maintenant autant
« qu'elle m'avait répugné autrefois, et peut-être il n'y a pas longtemps
« encore. On se sent élevé, agrandi sous ce vêtement sacerdotal. Mais
« aussi que cet habit est lourd à porter ! Quels devoirs il impose !
« Redoublons de prières, afin que s'accomplisse en moi le changement
« intérieur dont ce changement extérieur doit-être le signe, afin que
« je revête avec cet habit l'homme du dedans, l'homme nouveau.
« Jésus-Christ, comme le dit l'Apôtre : *Induite novum hominem. In-
duimini Jesum Christum.*

Quelque temps après, c'est la douce et splendide nuit de Noël dont
il raconte avec enthousiasme les ineffables joies. Il a entendu à cette
occasion le **P.** de Ravignan prêcher à la cathédrale d'Orléans, et il
analyse à son correspondant un magnifique sermon du grand orateur
sur la divinité de Jésus-Christ.

Bientôt on l'agrège au catéchisme de persévérance de la cathédrale ;
grande joie pour lui ; car il va pouvoir annoncer la parole sainte, et
commencer aussi son rôle d'apôtre. Enfin, le temps marche, l'époque
de l'ordination d'été arrive ; et l'abbé Cambier reçoit de ses supérieurs
l'invitation de se préparer à la tonsure cléricale. La retraite commence.
Les jeunes séminaristes sont réunis plusieurs fois par jour, et les vé-
nérables directeurs du Séminaire leur exposent tour à tour les préro-
gatives, mais aussi les obligations attachées aux différents ordres
de la sainte hiérarchie, mais quelle joie pour notre ami ! L'Evêque
d'Orléans a voulu prendre sa part de ce travail de préparation. Il
vient au séminaire, au milieu de ses chers lévites ; il leur commente
l'admirable livre du Pontifical. C'est cette parole simple, ferme,
grande, que le monde a tant de fois entendue et admirée et qui
restera dans l'histoire de l'Eglise un des plus beaux exemples de la
parole épiscopale.

Et voici ce que notre ami écrit à la hâte, aussitôt après l'ordination,
sur le petit journal de ses sentiments intimes.

« Amour ! joie ! paix ! félicité du Ciel ! *Regnum Dei justitia et pax
« in Spiritu Sancto...* Les mots me manquent pour traduire mon

« bonheur... Pendant trois heures, j'ai parlé une langue qu'on ne
« parle pas sur la terre. Oui l'esprit de Dieu était vraiment là : *Vere
« Dominus in loco isto.* Jamais je n'ai été plus saisi de sa présence...
« Il remplissait vraiment ce lieu où, à chaque instant, à chaque mot,
« on l'invoquait sur nos têtes... Je me sentais vivre au milieu de lui,
« en lui.

« *Si spiritu vivimus, Spiritu et ambulemus !* Que je n'oublie
« jamais, Seigneur, les solennelles promesses que je viens de pro-
« noncer ! *Dominus pars hæriditatis meæ ! Et Dominus pars calicis
« mei ! Pars ! Pars ! Pars mea in æternum !* Heureux frères, heureux
« aînés qui les avez prononcées irrévocables ! Heureux, vous qui avez
« consommé le divin mariage dont je n'ai célébré que les fiançailles !
« *Jesu, dilecte mî, super omnia et in omnibus dilectissime !* Vous
« avez ma foi, gardez-la pour toujours. Souvenez-vous que vous êtes
« maintenant tout mon partage, que j'ai droit plus que jamais à tout
« attendre de vous ! Souvenez-vous qu'en recevant des mains de votre
« Pontife le blanc vêtement de l'innocence, je n'ai pas dit *Induo
« novum hominem,* mais *Induat me Dominus !* Vous savez bien
« Seigneur, que j'y succomberais tout seul.

« Je ne suis pas de ceux qui ont besoin de prendre en cette occasion
« la résolution de mourir au monde ; il y a longtemps que j'y suis
« mort. Je ne l'ai jamais aimé: *Perfecto odio oderam illum.* Mais ce
« à quoi je dois me résoudre à mourir, c'est à moi-même, à mes
« humeurs, à mes caprices, à ma volonté propre.

« *Laqueus contritus est et nos liberati sumus.* Me voici dégagé du
« monde et de sa servitude, libre de cette liberté que donne le service
« de la vérité ! »

« Et tout cela n'est que le commencement, et peut-être qu'à pareil
« jour dans peu d'années, moi aussi, je me relèverai *Sacerdos in
« æternum ! »*

« *Domine, mitte operarios in messem tuam !* Donnez les ouvriers,
« Seigneur; donnez le champ et la moisson ! Donnez à chacun son
« travail ! donnez tout, Amen ! Amen (1) !

Deux jours après, il revient encore sur ces sentiments dont son cœur

---

(1) Au bas de cette espèce de chant triomphal, je trouve les dates et indications
suivantes : « Le samedi 5 juin 1852, à 26 ans 4 mois, *de foro factus sum ecclesiæ sanctæ
Dei. Regina Cleri, ora pro nobis.* Trois ans après, jour pour jour, il célébrait sa première messe, 5 juin 1855.

déborde. Je consigne d'autant plus volontiers ce nouveau fragment journal intime de notre ami, qu'il me permet de recueillir et d'arracher à l'oubli une admirable parole de l'Evêque d'Orléans.

« Depuis hier, les grâces que le Seigneur m'a faites dans cette
« grande solennité n'ont fait qu'augmenter. Je ne me sens plus vivre
« dans ce monde-ci : *Conversatio in cœlis est.* C'est une joie, une
« paix, un bonheur impossibles à rendre. Le sacerdoce surtout m'ap-
« paraît de plus en plus dans toute sa grandeur... Je le vois croître
« devant moi... Ce matin, au catéchisme, j'ai pu parler de sa dignité ;
« l'émotion étouffait ma voix. La vue seule des nouveaux prêtres me
« transporte. Depuis hier, je puis dire que je n'ai pas perdu peut-être
« un seul instant la présence de Dieu. C'est comme s'il tenait sa main
« étendue sur ma tête à la place où il a déposé sa couronne royale.
« Je sens surtout un grand sentiment de force, de gravité, cette vieil-
« lesse dont on nous parlait si éloquemment hier. Que ne puis-je
« rapporter tout entière cette admirable allocution de l'Evêque
« d'Orléans.. Je n'en citerai qu'un mot sublime. Monseigneur faisant
« allusion aux paroles du pontifical de l'ordination où il est dit des
« prêtres qu'ils doivent être les anciens du peuple : *Quod senes po-*
« *puli sint,* souhaitait à ces jeunes prêtres qu'il venait d'ordonner la
« gravité de la vieillesse par opposition à la puérilité du monde. Oui,
« disait-il, *parce qu'il y a dans le monde des enfants de cent ans qui*
« *périssent, il faut qu'il y ait des vieillards de 24 ans qui les sau-*
« *vent !* »

Pendant le cours de cette année, les projets relatifs à la fondation de l'Oratoire avaient pris plus de consistance. L'Evêché et le Séminaire d'Orléans étaient alors le centre où venaient aboutir toutes les démarches préparatoires. L'abbé Cambier était tenu presque jour par jour par M. Gratry au courant de tout ce qui se passait : et il en avertissait à son tour ceux de ses amis qui n'attendaient que le signal définitif pour former le premier groupe.

Ce signal fut bientôt donné. A la mi-juin, M. Petétot, curé de Saint Roch, décidé à se charger de la direction du nouvel Oratoire si le Saint-Siége approuvait ce dessein, partait pour Rome, et y recevait de S. S. le Pape Pie IX l'accueil le plus encourageant. De retour en France, il convoquait à Saint-Roch, le soir même de l'Assomption, ceux de ses futurs coopérateurs qui se trouvaient alors à Paris ; on décida en commun qu'on se réunirait définitivement au mois d'octobre pour mettre la main à l'œuvre. L'abbé Cambier n'avait eu garde de manquer à ces premiers rendez-vous. Il voyait dans la reconstitution de l'Oratoire la réalisation de ses plus chères espérances et de ses vœux les plus ardents ; il allait y retrouver ces amis d'Ecole Normale et d'Université, avec lesquels deux ans auparavant il avait rêvé cette vie commune, dévouée en même temps à l'étude et au saint ministère, à l'apostolat de la science et à celui des âmes. Dès le mois de septembre, l'abbé Cambier s'installait avec nous dans ce petit appartement de la rue d'Assas, qui a été, avec le presbytère de Saint-Roch, le berceau de l'Oratoire à Paris. Au bout de quelques semaines, nous quittions cet appartement devenu insuffisant pour nous six, nous nous établissions dans le presbytère et dans la chapelle que le clergé de la Trinité venait de laisser libres, rue de Calais, et sous la direction des PP. Gratry et de Valroger, nous commencions immédiatement nos cours de théologie, auxquels venaient prendre part, comme externes, le cher abbé Perreyve et son ami Charles Perraud, achevant alors tous les deux, en attendant qu'ils pussent se joindre à nous, leur troisième année de droit (1).

III

Je dirai peu de choses du séjour de l'abbé Cambier à l'Oratoire ; je serais gêné pour en parler, puisque ce serait notre propre histoire qu'il faudrait raconter (2). Je me bornerai à résumer rapidement les faits les plus intéressants qui le concernent pendant les huit ans qu'il passa parmi nous (1852-1860).

Ordonné sous-diacre en décembre 1853, diacre en juin 1854, il atteignit enfin le 2 juin 1855, avec ses deux intimes amis, le terme tant désiré de leurs communs efforts. Ce fut à Notre-Dame, des mains de Mgr Sibour, de douce et pieuse mémoire, que nous reçumes tous les trois l'onction sacerdotale.

(1) Nous avions aussi comme auditeur libre des conférences de philosophie qui nous étaient faites par le P. Gratry, ce jeune Alfred Tonnellé, enlevé si prématurément peu d'années après, et dont le talent, ignoré de lui-même, a été révélé au public d'une manière si éclatante par ce livre posthume : *Esquisse sur l'Art et la Philosophie*, publié par son précepteur et notre ami intime M. Heinrich, et auquel l'Académie française a décerné en 1862 une de ses grandes récompenses.

(2) Je n'ai du reste qu'à renvoyer le lecteur à la *Biographie de l'abbé Perreyve*, par le P. Gratry. Voir surtout les pages 106, 112 de l'édition in 8°.

Quelque temps après, le P. Cambier retournait pour quelques jours à Lille, et il écrivait à un de nous : « Je suis allé ce matin (10 juillet), dire la messe à Notre-Dame de la Treille avec un bonheur et une douce émotion qui me rappelèrent celles de ma première messe. Je portai là tout l'Oratoire, mais vous surtout, Oh! que de charmes à l'autel au pied duquel on a prié vingt ans ; où ma tante et ma mère ont tant pleuré pour moi ; où j'ai reçu tant de grâces : là, à côté, j'ai fait ma première communion ; plus loin, je fus baptisé ; je revoyais le confessionnal où j'avais tant de fois été réconcilié, et je m'étonnais de marcher au milieu de ces lieux et de monter à cet autel revêtu maintenant des insignes du sacerdoce, Oh ! c'est alors qu'on comprend l'action de grâces et que le cœur s'épanche de reconnaissance pour un si grand bienfait. O chers amis, nous ne le remercions pas assez de nous avoir faits prêtres. »

Je trouve encore dans des lettres de la même époque adressées à un de ses anciens condisciples du grand séminaire d'Orléans qui se préparait à recevoir lui-même le sacerdoce, l'expression des sentiments dont son cœur était rempli.

« Pensez à moi, écrivait-il le 23 décembre 1855. Pensez à moi au saint sacrifice que vos mains, fraîches encore de l'onction sacerdotale, vont offrir en ces jours. Demandez à Notre-Seigneur le rajeunissement de mon sacerdoce, et que le vôtre ne vieillisse jamais ! Que tous es jours le saint autel fasse vos délices ! Que vous y trouviez les consolations ou les croix, selon qu'il plaira à Dieu de vous donner les unes ou les autres, et selon que vos forces le pourront porter : mais que vous y trouviez la grâce et la vie toujours plus abondantes ! Vous avez entre es mains un trésor que rien ne vous peut ravir. Que font après cela quand on a eu le bonheur de célébrer la sainte messe, les contrariétés de la vie, les mécomptes, les ennuis, les humiliations, la pauvreté, la persécution même et la mort, s'il le fallait ? Oh ! tout cela, ce sont autant de gouttes du sang précieux de Jésus-Chist qu'on savoure à loisir après l'avoir pris : *Heureux qui n'épuise pas tout le calice à l'autel !* »

Le temps allait bientôt venir où ces belles paroles devaient se réaliser d'une manière très-directe pour celui à qui Dieu les avait inspirées.

Deux ans après son ordination au sacerdoce, tandis que les premiers compagnons de sa vocation et de ses études théologiques quit-

taient Paris pour quelques années, et allaient concourir à la première
fondation oratorienne, en province, le P. Cambier fut chargé du cours
de dogme. Il avait en même temps la direction du culte de la chapelle
publique de l'Oratoire, et s'occupait des cérémonies avec un zèle
qui, je dois le dire, nuisit parfois au succès de son enseignement.

Bientôt même ce goût devint tellement vif chez le P. Cambier, que
malgré nos efforts pour le ramener doucement aux grandes études
théologiques et philosophiques, en vue desquelles surtout l'Oratoire
avait été fondé, il se donna tout entier et avec une sorte de passion à
cette étude des rubriques et à la science d'ailleurs très-respectable de
la liturgie. Il savait du reste animer de l'esprit de foi le plus ardent
jusqu'aux plus petits détails de cette science pratique. Mais son zèle,
renfermé dans les limites étroites d'une petite chapelle, se sentait mal à
l'aise, et dès l'année 1857, nous pûmes prévoir que le P. Cambier ne res-
terait plus longtemps parmi nous. Il voulut cependant, avant de prendre
un parti définitif, se donner le temps de la réflexion et de la prière.

Il partit pour Rome au mois d'octobre 1858, et y fit un séjour con-
tinu de près de dix mois.

Là, au contact de cette poussière sacrée, arrosée pendant des siècles
du sang des martyrs, en présence du Colysée et des Catacombes, à
cette confession de saint Pierre qui est comme le cœur de l'Eglise catholique, la pensée de se consacrer aux missions chez les infidèles se
présenta avec force à notre ami. Elle réveillait en lui d'anciennes
aspirations et peut-être la forme primitive sous laquelle s'était offerte
à lui, dans ses jeunes années, la vocation sacerdotale. C'est alors qu'il
se lia d'amitié avec un jeune diacre de Saint-Sulpice, M. l'abbé Gennevoise, originaire comme lui du diocèse de Cambrai et de la ville de
Lille, lequel était fermement résolu à entrer au Séminaire des Missions Etrangères. Quand ils quittèrent Rome tous deux, leur parti
était pris, et après un voyage à Jérusalem, ils entrèrent ensemble au
séminaire de la rue du Bac (novembre 1860). Ici commence la dernière et courte phase de la vie de notre ancien condisciple.

IV

Après avoir achevé le temps de leur noviciat, le P. Cambier et son
ami partirent pour la Chine, en compagnie de quatre autres mission-
naires. Ils quittèrent Paris au mois de mars 1862, et allèrent s'em-

barquer à Londres sur un navire de commerce qui devait les conduire à Hong-Kong. Leur voyage, commencé le 31 mars, s'était effectué dans les conditions les plus favorables, et les passagers en étaient à calculer, non plus les mois et les semaines, mais les jours, avant d'arriver au terme de leur longue navigation, lorsque tout d'un coup éclata sur eux le plus affreux désastre. Je laisse le P. Cambier raconter lui-même ces débuts si tragiques de son apostolat.

« Le 13 juillet, nous traversions le détroit de la Sonde ; le 17, nous entrâmes dans les mers de Chine ; le 24, nous n'étions plus qu'à trois journées de Hong-Kong, et déjà nous préparions le débarquement.

« Il était environ 9 heures du soir. Retirés dans nos cabines, nous nous disposions au repos, quand tout à coup retentit un cri d'effroi : Le feu est au navire, le feu est aux poudres !

« Chacun aussitôt de sortir comme il est et de s'élancer sur le pont. L'énorme chargement de poudre que nous avions pris dans la Tamise pouvait augmenter le péril. Aussi commençâmes-nous par nous préparer à la mort, en nous donnant l'absolution.

« La fumée cependant paraissait venir de l'arrière, c'est-à-dire d'assez loin des poudres. Le salut n'était pas impossible... Mais déjà parmi l'équipage, la panique est générale. Les barques sont lancées à la mer, avec tant de violence que sur trois, une éclate en morceaux, une autre fait eau ; la troisième plus solide résiste. On s'y précipite en désordre ; il nous faut suivre le torrent sous peine d'être laissés à bord.

« On jette un sac de biscuit qui s'avarie en tombant. Un panier de bière et de vin accompagne le capitaine ; l'eau manquait. C'était avec ces faibles provisions que trente hommes s'abandonnaient à la mer, à deux cents lieues de toute terre habitable, déplorable imprudence, qui nous faisait fuir un péril encore douteux, pour courir à une mort presque certaine.

« Notre unique chance de salut était le retard de l'explosion, et la lenteur de l'incendie qui eût permis aux embarcations de compléter leurs provisions à la faveur du jour. Aussi les barques demeurèrent toute la nuit en vue du bâtiment. Quelle nuit fut celle-là ! Quelle anxiété et quel soulagement aussi, lorsque les premières lueurs du jour nous montrèrent le navire encore intact, laissant échapper la fumée par les fenêtres de l'arrière ! Hélas ! nous regrettâmes alors de n'avoir pas agi la veille avec plus de vigueur pour arrêter le feu dans son principe. Maintenant c'était trop tard, tout ce que l'on pouvait faire était de glaner encore quelques provisions sur ce navire en feu. L'une des barques envoyées dans ce but avec quelques hommes de bonne volonté nous revint bientôt apportant des fruits, des canards, du lard cru, ration des matelots, mais seulement un baquet d'eau douce pour chaque canot. On n'avait pu prendre davantage. Le feu qui consumait déjà tout l'arrière, interdisait l'accès des magasins.

« Nous pouvions maintenant nous mettre en route, mais le capitaine voulut attendre l'issue du sinistre. Les barques demeurèrent donc encore une fois en vue du navire à une distance de trois à quatre mille. De là nous assistions, tristes et mornes, au progrès de l'incendie. Il gagnait lentement de l'arrière au centre, enveloppait sur son passage les mâts, les haubans et les voiles. A midi la fumée parut le long du grand mât; les poudres étaient au pied. Enfin, vers trois heures, un jet de lumière éclata soudain, puis une détonation terrible et le navire disparut dans la fumée. Lorsque le nuage se fut dissipé, on ne vit plus rien que la mer. Là s'étaient abîmés, avec bien d'autres richesses, tant d'objets dont j'allais doter ma mission ; vases sacrés, ornements précieux, provisions de toute sorte ; ma belle bibliothèque, mes collections de Rome et de Terre-Sainte qui m'avaient coûté tant de peine, mes souvenirs, mes manuscrits qu'aucune compensation ne me rendra; tout ce que depuis vingt ans, et en ces derniers mois surtout j'avais pu réunir ; tout ce que je possédais au monde : de tout cela je conservais à peine quelques vêtements pour me couvrir. Mais quelque chose de plus précieux que tout me restait encore, c'était la vie : je fis à Dieu le sacrifice du reste, et je remis ce précieux bien entré ses mains pour qu'il le gardât.

« Nous courions en effet à de nouveaux dangers non moins grands que le péril auquel nous venions d'échapper. Deux petits canots que la moindre tempête pouvait renverser, portaient l'équipage et les passagers. L'un monté par le second du bord et neuf matelots, faisait tellement eau que deux hommes étaient occupés sans cesse à le vider; l'autre, plus fort mais non plus grand, renfermait les huit passagers, le capitaine et onze marins. Entassés à vingt dans cette étroite embarcation, nous ne pouvions nous asseoir ni nous coucher tout à fait. Pour comble de malheur la mer était houleuse au moment de l'explosion, il était impossible de se mettre en route, la nuit fut affreuse,

le vent soufflait avec violence, la pluie qui tombait par torrents ajou-
tait encore à l'épaisseur des ténèbres, les vagues soulevées venaient
à chaque instant se déverser dans la barque, nous étions couchés
dans l'eau, plus d'une fois on se crut perdu, et ce fut à grand peine
que les rameurs parvinrent à maintenir, au milieu de la tourmente,
la nacelle en équilibre.

« Heureusement le beau temps vint avec le jour ; on dut alors prendre
un parti. Chaque barque avait sa boussole et son sextant, et la situation nous était connue, nous étions à mi-chemin entre Manille et la
Cochinchine (1). Hong-Kong était à plus de deux cents lieues, mais
le vent était bon, et le désir d'arriver directement à sa destination
fit adopter à l'équipage la route de Hong-Kong. On dresse un mât
avec des planches, on fait des voiles avec des habits, et nous voilà
de nouveau portés par les vents.

« L'entreprise était hardie, mais demandait un esprit de suite et de
résolution que n'avaient pas nos hommes. Le vent baissa, la barque
ralentit sa course, le capitaine alors commença de craindre, il vira
de bord et gouverna sur l'île d'Haïnan. C'est ainsi qu'on perdit en
partie le fruit des deux premières journées.

« Le beau temps nous avait amené deux autres genres de fatigue.
Exposés sans abri aux ardeurs d'un soleil tropical, pour étancher la
soif qui nous dévorait, nous n'avions deux fois le jour qu'un peu
d'eau et de vin dont on diminuait graduellement la mesure. Pour
comble de malheur, soit mauvais calcul, soit fausse direction, Haïnan
qu'on disait proche ne paraissait pas. Nous naviguions depuis quatre
jours, les vivres diminuaient, le biscuit pourrissait. On en vint à tuer
les canards et à les manger crus. Le cinquième jour la ration d'eau
n'atteignait plus un quart de verre. Chaque matin on croyait voir la
terre et chaque matin ce moment d'espérance n'apportait qu'une décep-
tion de plus. Les matelots étaient plongés dans le découragement. Exas-
pérés par le malheur, outrés de l'indigne conduite du capitaine qui ne se
soumettait pas à la ration commune, ils nous firent craindre plusieurs fois quelque coup désespéré. Ces hommes grossiers qui nous
haïssaient doublement comme catholiques et comme prêtres (2), sem-

---

(1) Au moment de l'accident le navire était au 14ᵉ degré de latitude nord et au 112 de
longitude est, méridien de Paris.
(2) L'équipage était protestant.

blaient se prendre à nous de tout le mal qui arrivait, ils nous for-
çaient, malgré notre faiblesse, à prendre notre part avec eux du
service des rames. Leurs avanies et leurs brutalités n'étaient point la
moindre de nos souffrances, et pourtant c'était chez nous que sem-
blaient s'être réfugiés le courage et l'espérance. C'est que nous ne
mettions pas notre confiance en nous-mêmes, mais en celui pour la
cause duquel nous venions braver tant de dangers. La terre ne nous
paraissait pas éloignée, la latitude, les herbes marines, la couleur des
eaux, les nuages même de l'horizon l'annonçaient. J'aurais voulu
qu'on prît plus Ouest, mais je ne sais qu'elle fatalité entraînait toujours le capitaine à gouverner au Nord. Le salut arriva enfin au moment où tout semblait perdu.

« C'était le mercredi 30, au soir d'une accablante journée. On avait
déclaré qu'il restait à peine deux bouteilles d'eau douce pour le lendemain. Aucun souffle ne poussait la nacelle, le gouvernail était aban-
donné. Etendus au fond de la barque, le capitaine et l'équipage dor-
maient, épuisés de fatigues; nous en fîmes autant, et il se fit une
sorte de silence, précurseur de la mort. Je me réveille en sursaut, j'ai
senti toute l'étendue du danger que nous courons. — *Aux rames! aux
rames! ou nous sommes perdus.* — Nous offrons de ramer à nous six,
et de trouver la terre. Nous avions invoqué ensemble l'Étoile des
mers et réclamé sa protection. Bientôt notre parole et notre exemple
ont ranimé les courages; on organise les bancs de rameurs, l'équipage paraît tout changé. Le jeudi matin, n'espérant plus trouver
Haïnan, on prend un parti énergique : c'est d'aller droit sur la côte
de Chine dont nous ne sommes éloignés que de deux ou trois journées. Mais déjà cette résolution est inutile, vers midi on voit poindre
à l'occident comme un nuage, et ce nuage s'allonge et devient un pic.
c'est la terre. Cette fois nul n'en veut plus douter, on fait force de
rames dans la direction de la terre; le vent et le courant nous con-
trarient jusqu'au soir, mais la nuit une brise favorable vient enfler
nos voiles, et le 1ᵉʳ août au matin, les rayons du soleil levant éclai-
raient devant nous la montagne et les barques nombreuses qui cou-
vraient la mer.

« La vue des barques ne fut pas précisément ce qui rassura nos
hommes. Déjà sur le grand navire ils avaient une peur exagérée des
pirates, et l'île d'Haïnan était renommée pour en avoir. Quant à nous,
voyant dans tout ce qui se passait la main de Dieu qui voulait nous

sauver, nous ne partagions pas leurs craintes (1). On chercha toutefois à passer au large, mais les barques accouraient de toutes parts comme pour nous cerner. Il est vrai que ces étranges pirates, après avoir satisfait leur curiosité s'éloignaient. On commença dès lors à se rassurer ; même une des barques s'étant approchée d'assez près, notre capitaine s'enhardit jusqu'à lui demander de l'eau. Ces braves gens aussitôt de mettre dehors leurs tonneaux et leurs cruches, nous de tendre à l'envi nos mains, nos chapeaux, nos mouchoirs, c'était une scène indescriptible. Nos chinois se pâmaient de rire, et plus notre avidité était grande, plus ils redoublaient leurs libéralités. Ils nous laissèrent enfin bien pourvus d'eau, mais comme nous prenions la direction du pic, ils nous dissuadèrent, et nous offrirent de nous remorquer jusqu'à leur rivage L'offre fut acceptée, même nous montâmes à plusieurs sur leur bord, et je me vis alors pour la première fois face à face avec des Chinois. C'étaient de braves pêcheurs qui paraissaient tout heureux de nous rendre service. Nous eûmes bientôt par signes communiqué nos nouvelles. Nous comprîmes que la montagne était un poste de pirates, et eux que nous étions de pauvres naufragés, depuis huit jours presque sans vivres. Ils nous offrirent alors leur riz et leur poisson qui furent mangés de grand cœur. Enfin parut une longue côte presque aussi basse que la mer, c'était la vraie côte d'Haïnan que nous longions depuis plusieurs jours, et que son peu d'élévation nous empêchait d'apercevoir. A midi nous entrâmes dans une large rivière dont les rives étaient couvertes d'une végétation magnifique. Enfin la barque s'arrêta dans une sorte de rade où stationnaient d'autres jonques chinoises, c'était le port d'Hoëï. Le Mandarin vint nous reconnaître, nous combla de politesses, et nous facilita le passage sur une jonque de commerce en partance pour Hong-Kong. Ce furent là nos premières relations avec ces Chinois dans lesquels l'Europe ne veut voir que des brigands et des barbares.

« Notre jonque n'était au fond qu'un fort médiocre bateau. Toutefois au sortir de l'étroite nacelle ou nous étions entassés depuis huit jours, nous nous y trouvions à l'aise. Je n'en eus pas pris plutôt possession que je me mis à l'examiner de toutes parts. Elle portait

---

(1) Haïnan compte d'ailleurs plusieurs chrétientés, elle fait partie de la mission de Canton ; nous y avons des confrères.

un chargement de fruits et de riz. Trois vieux canons, qui peut-être n'avaient jamais vu la poudre, devaient nous défendre contre les pirates. Deux voiles en paille tressée comme sont celles des navires Chinois, se manœuvraient avec une admirable célérité. Sous l'arrière assez élevé était une sorte de sanctuaire qui servait à la fois de bureau et de salon, et au fond de ce sanctuaire une affreuse idole, devant laquelle le maître du navire allait régulièrement faire ses prostrations et ses sacrifices. A la vue de ces prémices de l'idolâtrie chinoise, mon âme de missionnaire s'émut. Je bénis Dieu de m'avoir conservé la vie, et de m'avoir permis d'acheter, même au prix de tant de sacrifices, le bonheur d'annoncer à ces pauvres peuples la gloire du Dieu véritable, et la vanité des idoles qui ont des yeux pour ne point voir et des oreilles pour ne pas entendre. Les préparatifs du départ durèrent à peu près toute la journée du samedi. Le dimanche on quitta la rivière et l'on tourna à distance le Cap des Pirates qui ne se montrèrent pas : le lundi on perdit de vue les terres de l'île, le mardi on commença à voir les côtes de Chine Le calme profond de la mer ne nous permettait pas de faire longue route. Au calme succédèrent des vents contraires qui ne nous laissèrent plus avancer, et presque des tempêtes. Plus le pauvre Chinois multipliait ses prostrations, plus nous invoquions l'Étoile des Mers qui nous avait déjà sauvés, et dont la protection, mieux que celle de l'idole, nous ferait arriver au port. On résolut de laisser la route de Hong-Kong, et de gagner la colonie portugaise de Macao qui était plus près. Le mercredi soir nous nous engagions dans les passes étroites de la rivière de Canton qui y conduisent : nous étions exténués de fatigue, car l'avarice de notre capitaine n'avait assuré sur la jonque aux passagers du Lord-des-Iles que la ration de riz des matelots. Nous n'avions presque tous que des lambeaux de vêtements. Affublé pour ma part d'un mauvais paletot, nu-pieds et presque sans chapeau. je ressemblais plus à je ne sais quel pirate qu'à un missionnaire catholique. C'est en cet état que le jeudi matin nous débarquions à Macao. Avec quel bonheur je m'agenouillai sur cette terre, la première que nous touchions depuis Londres, pour remercier le Seigneur qui nous avait sauvés !

« Nous cherchâmes immédiatement une église, plus soucieux de témoigner à Dieu notre reconnaissance, que de trouver un soulagement pour nos personnes. A côté de l'église était un presbytère, nous entrons, un prêtre vénérable saute à notre cou en apprenant qui nous sommes. Notre histoire nous avait déjà précédés dans la ville. La seconde barque moins heureuse que nous, arrivée jusqu'au pic, avait été entièrement dévalisée par les pirates ; ces hommes plus énergiques que les nôtres, avaient pu cependant gagner Macao, malgré des privations inouïes. Là ils avaient averti l'autorité de notre situation, et nous apprenions qu'un vapeur du gouvernement Anglais à Hong-Kong était passé la veille à Macao pour aller à notre recherche. Aussi, dès que la nouvelle de notre sauvetage se fut répandue parmi ces bons Portugais, c'était à qui viendrait nous féliciter et nous secourir. Nous allâmes loger au collège Saint-Joseph où les nouveaux Pères de la Compagnie de Jésus nous firent l'accueil le plus fraternel. Le Gouverneur de la ville lui-même s'en mêla, en un instant nous nous trouvâmes habillés de la tête aux pieds, et d'abondantes collations eurent ranimé nos forces. Chose remarquable, malgré notre épuisement, seuls à peu près de tout l'équipage, nous avions conservé des santés intactes, et chacun nous faisait compliment sur notre bonne mine ; aussi le lendemain matin toutes les fatigues du naufrage étaient oubliées. Nous offrîmes avec actions de grâces le saint sacrifice dont nous étions privés depuis plus de quinze jours, et, quelques heures après, le paquebot de Hong-Kong nous amenait à notre maison de Procure.

« C'est ainsi que Dieu, dans sa miséricorde, voulut placer au début de notre carrière apostolique une de ces grandes épreuves qui couronnent le plus souvent la vie du missionnaire ; c'est ainsi qu'il nous fit arriver, avec tout le dénûment des Apôtres, à cette terre de Chine ou nous allions, sur leurs traces, annoncer l'Evangile, heureux augure, nous l'espérons pour l'avenir, et source de bénédictions pour notre ministère futur ! »

A peine remis de ces terribles émotions, l'abbé Cambier fut dirigé par ses supérieurs vers la mission du Su-Tchuen Oriental, où il arriva après une navigation de trois mois, sur les grands fleuves de la Chine. C'est pour tromper les ennuis de ce long voyage qu'au fond de sa barque, sans livres, sans dictionnaires, disposant seulement de quelques feuilles de papier, il composa, en souvenir de sa première entrée à Rome, l'ode suivante où on retrouve avec les accents de la foi la plus vive, ce goût exquis de la bonne latinité qui rappelle si honorablement l'ancien élève de l'Ecole normale.

Je crois devoir la citer textuellement (1) :

ANNIVERSAIRE DE NOTRE PREMIÈRE ENTRÉE A ROME (A F. G.)

« Il faut aujourd'hui entonner les chants joyeux, il faut, en souvenir d'un si grand jour, offrir à Dieu de solennelles actions de grâces et lui rendre par ces vers l'hommage qui lui est dû.

« Elle revient pour nous cette nuit si chère à notre mémoire où il nous fut donné (précieuse récompense d'un long voyage), de franchir pour la première fois le seuil de Rome.

« Salut, honneur et soutien du globe terrestre, royal diadème de notre monde, mère des nations, et pour l'univers entier, maîtresse de la vraie foi !

« L'ombre de ta vieille gloire ceint encore ton front d'une couronne splendide ; mais plus splendide encore est la pourpre nouvelle dont tu es revêtue.

« Ces milliers de martyrs que tu as autrefois donnés au ciel te font comme une tunique étincelante à laquelle s'ajoutent comme autant de franges précieuses tous ces saints des derniers siècles ;

« Mais par-dessus toutes les autres brillent sur ton front deux perles précieuses, comme dans la nuit étoilée, deux astres plus étincelants éclairent le ciel ;

(1)

Nunc decet lætos resonare cantus,
Nunc Deo, tanti memores dici
Ore solennes meritoque promi
    Carmine grates.

Nam redit nostris celebranda fastis,
Nocte qua, longi pretium laboris,
Contigit prima tetigisse planta
    Limina Romæ.

Salve, ô terrarum decus et columna,
Regium nostri diadema mundi,
Gentium mater, fideique toto
    Orbe magistra.

Te quidem priscæ vetus umbra laudis
plendidam cingit capiti coronam ;
At novo longè melior decore
    Purpura vestit.

Mille quos olim superis dedisti,
Martyrum cœtu tunicata fulges :
Fimbriam præbet nova tot piorum
    Addita proles.

Sed duæ multò magis inter omnes
Emicant fronti rutilantque gemmæ,
Nocte stellato velut ampliora
    Lumina cœlo.

Hic Simon Petrus, duplici per orbem
Clavium princeps titulo crucisque ;
Hic et æternum geminâ triumphans
    Cuspide Paulus.

Cernis hanc ædem, superans ut omnes,
Alta robustis humeris ad astra,
Ardui tendat capitis superbam
    Tollere molem ?

« Là, Simon-Pierre, salué le premier par l'univers à un double titre, et à cause de ses clefs et à cause de sa croix ; et à côté de lui, Paul, l'éternel triomphateur aux deux glaives.

« Tu vois cet édifice qui surpasse tous les autres et qui semble vouloir porter jusqu'aux astres la masse imposante de sa sublime coupole ?

« C'est là que cachée dans les entrailles de la terre, est cette pierre mystique, objet du pieux respect de tant de siècles, base inébranlable sur laquelle repose le monde.

Hic piis dudum veneranda sæclis
Petra, telluri latitans in imo,
Talibus nunquam basibus movendum
    Sustinet orbem.

Hoc loco nullus siquidem polorum
Sanctior tota colitur sub axe,
Præter ipsius Solymæ sacrati
    Antra sepulchri.

O tuis et tu memoranda, sancta
Civitas, Christi redolens cruore !
O pio semper socianda cultu
    Roma Sioni !

Sed, prius quanquam genitæ, sororis
Transtulit Numen tibi, Roma, jura :
Nunc ames terræ nova nuncupari
    Veraque Sion.

Illa enim tantum loca nuda rebus
Obtinet : tu res ; Solymæque gaudes
Ditibus magni spoliis parare
    Principis ædem.

Hic crucis jam nunc retinetur arbor ;
Hic Redemptoris patiens imago,
Lancea et clavi, monumenta nostræ
    Certa salutis.

Hic novæ legis Moyses et Aron,
Pontifex, Petri residens Cathedra,
Altius priscis graviora profert
    Verba Prophetis.

Cujus ad vocem silet omnis orbis,
Verticem flectunt populi ducesque,
Frendit infernus, docilique cœlum
    Annuit ore.

Vidimus celso solio sedentem,
Tempora augusta superante mitra,
Ire per sacri spatiosa templi
    Agmine longo.

Insidet divo propior serena
Fronte majestas, micat igne lumen
Suavi, et os blandum genii paternum
    Spirat amorem.

Eia age, ô vere Pie pastor, alme
Pontifex, orbis Pater, impiorum
Cordibus victis, placidoque felix
    Ordine regna.

Te pii votum populi tuetur,
Te nova Virgo radiata luce,
Te Novensiles superos adepti
    Nuper honores.

Tuque jam tanto duce glorieris
Læta sat semper caput esse mundi :
Quo potes sceptro triplicem librare,
    Roma, coronam ?

Nos quoque, amplexus memores, tuique
Alme sermonis Pater, acriore
Ultimis terris animo feremus
    Verba salutis.

Roma, tu nostris amor et voluptas
Cordibus nunquam peritura vive ;
Sit comes nobis tua, sit levamen
    Dulcis imago.

Quumque jam finis veniet laboris,
Tot patronorum præeunte turba,
Fausta tangamus melioris ambo
    Limina Romæ !

« Il n'est pas sous les cieux d'endroit plus sacré, excepté la Cité de Jérusalem et la caverne du Saint Sépulcre.

« Et toi aussi, salut, Cité sainte, toute parfumée du sang du Christ ! O Sion ! que ton nom soit toujours associé à celui de Rome dans notre pieux souvenir !

« Mais c'est à toi, ô Rome, que la Providence a transféré les droits de ta sœur aînée ; sois fière d'être appelée la nouvelle et la véritable Jérusalem.

« Elle en effet, la Jérusalem antique, n'a que des souvenirs, et toi les réalités vivantes : c'est avec les riches dépouilles de Jérusalem que tu construis la demeure du Roi des Rois.

« C'est toi, ô Rome, qui possèdes maintenant l'arbre sacré de la vraie croix, et l'image du Sauveur agonisant, et la lance et les clous, authentiques monuments de notre salut !

« Là, dans tes murs, le Moyse et l'Aaron de la loi nouvelle, assis sur la chaire de Saint-Pierre, promulgue de plus haut des oracles plus grands que les anciennes prophéties !

« A sa voix, l'univers entier se tait, les peuples et les Rois courbent la tête, l'enfer frémit, et le ciel docile souscrit à ses paroles.

« Nous l'avons vu, assis sur son trône élevé, le front ceint de l'auguste mitre, s'avancer sous les vastes portiques du temple, à la suite de la longue procession.

« Sur son front sacré resplendit une sereine majesté ; ses yeux brillent d'un doux éclat, et ses lèvres respirent un tendre et paternel amour.

« Salut ! ô Pasteur doublement Pie, saint Pontife, père de l'univers ! triomphe des complots de l'impiété, et règne heureux dans l'ordre et dans la paix.

« Les vœux de ton peuple, et cette Vierge à la gloire de laquelle tu as ajouté un nouveau rayon, et ces martyrs auxquels tu viens de décerner les honneurs suprêmes, tous te protègent.

« Et toi, ô Rome, puisses-tu toujours te glorifier d'obeir à un si grand prince, et te contenter d'être la capitale du monde ! quel sceptre pourrait balancer pour toi la tiare à la triple couronne ?

« Quant à nous, ô Père, gardant le souvenir de tes embrassements et de tes douces paroles, nous porterons avec plus de courage jusqu'au bout de la terre, le message du salut.

« O Rome notre amour et notre sainte joie ! sois toujours vivante dans nos cœurs ! Que ta douce image chemine avec nous et nous adoucisse les fatigues du voyage.

« Et quand viendra la fin de nos labeurs, puissions-nous tous deux, précédés de la foule de tant de protecteurs, toucher ensemble le seuil béni d'une meilleure Cité, de la Rome éternelle ! »

L'abbé Cambier évangélisait depuis quelques mois déjà le district de Loungmên tan, dans le département de Tchông-Kin, lorsqu'un nouvel accident vint éprouver sa patience et arrêter l'exercice de son zèle. Mordu à une jambe par un chien malfaisant, il dut garder la chambre pendant près de trois mois. L'art et les remèdes des médecins chinois étant absolument impuissants à fermer la plaie dont le caractère devenait dangereux, le vicaire apostolique du Su-Tchuen, Mgr Desflèches, l'emmena avec lui à Shang-Hai, d'où il gagna la procure de Hong-Kong. Malgré les soins des médecins Européens il souffrit longtemps encore de sa blessure. Il dut renoncer à retourner au Su-Tchuen et fut agrégé à la mission de Canton, où il eut la consolation de retrouver après un an d'absence son ami et compagnon de voyage, l'abbé Gennevoise.

Pendant qu'il était retenu captif sur une chaise longue, il lisait, travaillait, composait.

C'est probablement de cette époque que datent plusieurs travaux dont les manuscrits m'ont été envoyés après sa mort, et entre autres des recherches sur la chronologie chinoise, un abrégé de l'Histoire-Sainte, et une exposition en latin de la doctrine chrétienne à l'usage des catéchumènes. Je regrette de ne pouvoir faire connaître autrement que par cette mention si sèche ce dernier écrit, véritable chef-d'œuvre de composition et de style, où toutes les vérités de la foi sont expliquées avec la précision la plus théologique dans une langue dont l'ampleur et la pureté rappellent les belles pages de notre Thomassin (1).

(1) Brevis explanatio doctrinæ Christianæ ad Catechumenos. — Voici quelques lignes de l'avant-propos... Relictis minoris momenti quæstionibus, et iis quæ ad historiam pertinent summatim attactis, in id præsertim incubui ut intima dogmatum natura, ratio mutuusque connexus iis qui jam per partes didicerint clarior ac splendidior evaderet, nec putavi tam egregiæ materiæ aliquam saltem sermonis majestatem posse detrahi; sed in primis, ut decebat, verborum proprietatem, perspicuitatem necnon et sobrietatem persecutus sum, et utinam semper sim assecutus!

Vers la fin de l'année 1864, l'abbé Cambier fut désigné pour aller administrer la chrétienté de Laô-Tchang, au nord de la province de Canton. Il avait sous sa juridiction la grande ville de Chao-Tcheou, située au point de jonction des deux bras du fleuve Pe-Kiang, et comptant plus d'un million d'habitants, parmi lesquels il n'y avait pas un seul chrétien. Il était installé depuis quelques mois à peine dans ce poste où il y avait tant à faire pour son zèle lorsqu'une nouvelle épreuve vint fondre sur lui. Dans la semaine de la Pentecôte, une bande de rebelles poussant devant elles les troupes impériales, se jeta sur ce district précédée par la terreur, suivie par la désolation. Si les habitants en avaient cru les courageux conseils du missionnaire, ils auraient pris les armes pour se défendre au lieu de faire leurs paquets pour s'enfuir. Mais la panique était générale ; force fut à l'abbé Cambier de suivre le torrent pour ne pas se trouver seul vis-à-vis des rebelles. Il dut donc s'embarquer et aller se réfugier à Chaô-Tcheou-Fou. Au bout de quelques jours il repartit pour le Tchang avec son ami l'abbé Gennevoise. Il ne trouva plus que des ruines dans cette station naissante pour laquelle on avait déjà fait des dépenses considérables, et qui semblait devoir devenir prochainement le centre d'une chrétienté nombreuse. Ornements, vases, habits sacrés, tout avait disparu. La chapelle surtout semblait avoir excité la rage des brigands. L'autel était renversé, les boiseries tailladées, le tableau mis en pièces, çà et là seulement quelques livres et papiers laissés comme inutiles purent être recueillis (1).

A la suite de cet accident, l'abbé Cambier passa quelques mois à Canton pour concerter avec Mgr Guillemin les mesures à prendre en faveur du district qui venait d'être si éprouvé ; puis il repartit pour Chaô-Tcheou-Fou, il y loua une maison, et il avait déjà repris avec son ardeur accoutumée ses travaux de missionnaire, lorsque vers la fin du mois de mai il fut atteint avec violence par la dyssenterie. Il s'était épuisé de fatigues pour préparer la cérémonie solennelle de la bénédiction d'une chapelle à Lô-Tchang, il avait voulu malgré cela célébrer avec un grand éclat la fête du Saint-Sacrement, et ne rien négliger pour que l'appareil imposant de la procession frappât vivement les chrétiens du district. Ces travaux étaient à peine achevés qu'il voulut se mettre en route pour faire la visite des familles dissé-

(1) Voir dans le *Propagateur de Lille* du 14 novembre 1865 la relation détaillée faite par l'abbé Cambier lui-même de cette attaque des rebelles.

minées à de longues distances dans sa vaste paroisse Il n'y avait pas encore deux jours qu'il était en chemin que le mal avait fait des progrès effrayants.

Le 4 juin, il se leva de très-grand matin pour dire la messe et entendre les confessions ; ce fut sa dernière messe.

Heureusement il n'était pas seul ; son ami l'abbé Gennevoise, qui avait fait la bénédiction de la chapelle de Lô-Tchang, n'avait pas voulu se séparer de lui, et par une permission toute miséricordieuse de la divine Providence, ne devait plus le quitter jusqu'au dernier moment. Je crois ne pouvoir mieux faire que de lui emprunter presque textuellement le récit à la fois très-simple et très-touchant de la mort de notre ami.

« Le 4 juin, lorsque j'eus à mon tour célébré la sainte messe, je revins vers l'abbé Cambier, il était couché sur une natte posée elle-même sur quelques planches sans oreiller. Le médecin qui lui tâta le pouls me dit en particulier que la maladie était grave ; je me tournai alors vers ce cher ami et lui dis : Vous savez que je ne veux rien vous cacher, votre maladie est très-grave, il ne faut pas continuer la visite des chrétientés, mais revenir tout de suite à Lô-Tchang. — S'il faut mourir, me répondit-il, je suis prêt, j'espère en la miséricorde de Dieu.

« On put cependant le reconduire à Lô-tchang et pendant une semaine entière, les médecins chinois épuisèrent leur science et leurs remèdes sans pouvoir arrêter les progrès du mal. On décida alors qu'on le transporterait en barque jusqu'à Canton. Quand on eut aidé le malade à descendre dans la barque et à se coucher, il m'appela et me dit : « Félix, c'est ici que je vais mourir. *Pax huic domui*, (lundi soir. 11 juin).

« Je lui donnai l'extrême-onction, et l'indulgence plénière *in articulo mortis*, l'âme toute bouleversée ; lui au contraire était calme, il répondait lui-même aux prières. Les gens de la barque étant tous païens, j'avais mis un rideau pour empêcher qu'ils ne vissent la cérémonie. Les chrétiens qui nous accompagnaient étaient un catéchiste, deux élèves et un cuisinier.

« La nuit fut assez mauvaise. Le lendemain, 12 juin, au lever du soleil, la barque se mit en route. Les dix-huit lieues qui nous séparaient de Chao-Khouan furent faites avec une rapidité effrayante. Les eaux étaient très-fortes et il nous fallut traverser plusieurs cascades. A deux heures de l'après-midi nous étions à Chao-Khouan.

« Pendant ce temps, le P. Cambier allait plus mal ; il sentait ses forces s'en aller. Vers six heures, le trouvant plus faible encore, je récitai les prières des agonisants et lui demandai de bénir les quatre chrétiens qui nous accompagnaient. Il me parla ensuite du bonheur du ciel et m'exprima sa joie de m'avoir auprès de lui pour le moment suprême. Il m'indiqua le lieu de sa sépulture, et me demanda de prier pour lui, me nomma ceux de ses amis de France à qui j'aurais à faire part de sa mort, et pensant à sa chère et sainte mère, il ajouta : « Je vais la revoir bientôt. » Quelques moments après il me dit : « Félix, que le bon Dieu vous comble de ses bénédictions ! Vous vous « coucherez tout à l'heure, immédiatement après ma mort, vous êtes « vraiment trop fatigué. »

« Pendant ce doux et suprême entretien, je lui présentais de temps en temps le crucifix à baiser tandis qu'il avait son chapelet entre les mains. Peu à peu ses forces diminuèrent, il pencha sa tête sur ma poitrine, sa respiration commença à diminuer. Il eut encore la force de dire: *In manus tuas commendo spiritum meum.* Ce furent ses dernières paroles, elles furent encore suivies de quelques respirations et tout fut fini. Il était alors sept heures et demie du soir : nous étions à Pak-tou, à près de cent lieues de Canton.

« Je récitai tout de suite comme il me l'avait recommandé la prière *Subvenite angeli.* Quand j'eus fini, les forces me trahirent, je perdis connaissance. Les Chinois me martyrisèrent pour me faire revenir à moi ; bientôt après, assoupi par la fatigue, je m'endormis. Quel réveil que de trouver un mort à côté de soi et presque dans le même lit ! La barque était si petite que nous y étions littéralement entassés.

« Pour que les gens de la barque ne pussent pas s'apercevoir de la mort, je mis un moustiquaire et attachai un linge devant la petite fenêtre par laquelle seule on pouvait nous voir. On continua aussi à préparer des médecines pour faire croire que le malade vivait toujours.

« Malgré toutes ces précautions, les mariniers ne tardèrent pas à savoir la vérité. Le patron de la barque se prit alors à pleurer et à s'arracher les cheveux. « Sa barque, disait-il, était désormais maudite, perdue. » On chercha à le calmer, impossible ; il voulait jeter le mort sur la rive. Je l'appelai et lui dis sévèrement qu'il était un

homme sans cœur. « Si c'était ton père ou ton frère, le jetterais-tu ?
Eh bien, lui dis-je, c'est mon frère, et je te défends de le toucher.
Marche, ou nous verrons. S'il s'agit de piastres, on comptera. Après
quatre heures de pourparlers, nous convînmes de 50 piastres.

« D'après les rites chinois, on doit jeter toutes les planches de dessus
d'une barque où quelqu'un est mort ; et c'est pour cette raison qu'on
exigea de moi un prix si élevé. Ces pauvres gens jetèrent en effet dans
le fleuve les planches supérieures de la barque dès notre arrivée à
Canton.

« Il eût certainement été plus facile de mettre de suite le corps dans
un cercueil ; mais partout où on l'aurait acheté, les lépreux des envi-
rons en auraient été avertis, et seraient venus demander chacun cent
sapèques (environ dix sous), c'est leur droit, impossible de refuser.
Jusqu'à Canton, comme tous se donnent le mot, c'eût été une affaire
de cent piastres.

« Le mercredi soir, les rameurs refusèrent de continuer, si on n'aug-
mentait leur paie ; de là nouvelles difficultés. Il fallut donner encore
4 piastres, et pour leur faire honneur, entourer l'argent de papier
rouge, selon le rite chinois. Ils étaient du reste fort étonnés que le
cadavre ne répandît aucune odeur, et ils nous adressèrent cette ques-
tion qui était à leur insu un glorieux hommage rendu à la virginité :
« Ce lettré n'était donc pas marié ? »

« Le jeudi soir, vers dix heures, on aperçut au loin les premiers feux
de Canton ; à minuit nous arrivions dans le port ; nos marins amar-
rèrent près d'une bonzerie contre l'île qui se trouve au milieu du
fleuve. Je pris seul une petite barque et allai avertir le préfet apostolique, Mgr Guillemin.

« La grande difficulté était de faire entrer le corps dans la ville. Le
vice-Roi seul peut le permettre, et encore ne le fait-il jamais, car la
ville serait regardée comme maudite, si un mort y était introduit.

« Des porteurs chrétiens avaient été avertis ; nous mîmes le corps sur
une planche en le couvrant pour le déguiser. Arrivé aux portes de la
ville, je donnai de l'argent aux gardiens pour les bien disposer, et
causai quelques instants avec eux pour détourner leur attention. Ils
ne s'aperçurent de rien et nous pûmes passer sans difficulté.

« Le corps de notre cher défunt fut placé dans la grande chambre de
la mission où il resta exposé jusqu'au samedi matin. Les funérailles
eurent lieu le samedi 16. Après la messe chantée par Mgr Guillemin,

nous allâmes solennellement au cimetière. Quand la cérémonie fut terminée et que la dernière pelletée de terre eut recouvert le corps, on plaça sur la tombe une croix de bois, avec cette simple inscription : *Désiré Cambier, missionnaire apostolique, 12 juin 1866.* »

C'est donc là-bas, à 5,000 lieues de la France, que reposent jusqu'au jour de la bienheureuse résurrection les restes de notre ancien condisciple. Il évangélisait depuis près de quatre ans cette terre de Chine où son zèle l'avait conduit, et où il n'était arrivé qu'au prix des plus grandes épreuves, et c'est au moment où sa connaissance de la langue et où son expérience du ministère le rendaient le plus capable de travailler avec succès à la conversion des infidèles, qu'une mort prématurée était venue lui donner l'occasion de consommer tant d'autres sacrifices par le sacrifice de sa propre vie.

Devant cette pensée, on serait tenté de laisser échapper avec le suprême adieu l'expression d'une douloureuse tristesse.

J'aime mieux toutefois envisager ce tableau si imposant de la mort du missionnaire dans un de ces rayons lumineux que la foi chrétienne fait briller au-dessus des épreuves de cette vie pour les transfigurer et pour en montrer le sens divin. Je ne veux pas terminer ce récit par des paroles de deuil, mais par un cantique d'allégresse. Et ce cantique, je l'emprunterai à l'apôtre même dont je m'honore d'avoir été l'ami, et à la mémoire duquel je suis heureux d'avoir pu consacrer ces humbles pages.

Parmi les manuscrits de l'abbé Cambier qui m'ont été envoyés suivant l'expression de ses volontés suprêmes, j'ai trouvé la traduction en vers français d'un chapitre de l'*Imitation.* Faite sur cette terre de Chine où notre ami eut le bonheur de travailler et de souffrir pour l'amour de Notre-Seigneur Jésus-Christ, cette page ne semble-t-elle pas un pressentiment de la récompense promise à ceux qui ont tout quitté pour le service de Dieu? Quant à nous, qui sommes demeurés ici-bas pour y combattre encore, nous relirons plus d'une fois, et jamais sans émotion et sans profit, ce chant du missionnaire aspirant aux joies du ciel et se consolant des labeurs de l'exil par la contemplation de l'éternelle félicité !

LE SOUPIR D'UN MALADE.

Traduction littérale, ou à peu près, de la 1re partie du ch. 48, liv. 3 de l'*Imitatton*
O Supernæ civitatis mansio beatissima.

O bienheureux séjour de la sainte Cité !
O du jour éternel ineffable clarté,
    Qui de la nuit ne connaît l'ombre,
Mais qu'éclaire à jamais la pure vérité ;
    Qui pour l'âme n'a rien de sombre,
D'où la crainte est bannie, et dont le lendemain
Est semblable à la veille, et le soir au matin !

    Vienne, ô jour, ta sainte lumière !
    Puissé-je, m'élançant vers toi,
    Secouer la vaine poussière
    D'un monde abhorré de moi !

Ah ! tu livres aux Saints les splendeurs éternelles
    Mais à nous, pauvres voyageurs,
    C'est à peine si tu révèles
D'un rayon réfléchi les lointaines lueurs.

    Ils savent tes célestes joies,
    Les habitants de la cité !
    Nous, de l'exil suivant les voies,
Ne goûtons qu'amertume, ennuis et vanité.

    Les jours de ce temps de larmes,
    Courts et de maux abreuvés
    Sont pleins de deuil et d'alarmes
    De vices et de péchés :
    Mille passions m'enlacent,
    Mille craintes m'embarrassent,
    Et de cent soins agité,
    Tour à tour je sens ma peine,
    Dans le plaisir, dans la gêne,
    L'aisance et la pauvreté.

Ah ! quand viendra la fin de toutes ces misères !
Quand pourrai-je, affranchi de ces soins éphémères,

De toi seul occupé, Seigneur, en liberté
M'abîmer et me perdre en ta félicité !

Ah ! quand du poids qui l'aggrave,
Mon esprit dégagé cessera de gémir ?
Quand mon âme tout à loisir
S'élèvera vers toi, libre de son entrave ?

Quand viendra la solide paix !
La paix qui ne connaît ni trouble ni nuages,
Au dehors sans combats, au dedans sans orages,
La paix pour durer à jamais !

Bon Jésus, quand serai-je en ta sainte présence
Quand enfin, près de toi, me sera-t-il donné
De contempler la gloire et la magnificence
Du royaume, qu'en ta clémence
Un éternel amour nous a prédestiné ?

Hélas ! pauvre exilé sur la terre ennemie,
Je souffre et je combats tous les jours de ma vie :
Console mon exil, apaise ma douleur ;
C'est toi que vont chercher les soupirs de mon cœur,
Et tout ce qui vient de la terre,
Ne vaut pas un trait de lumière
De ton Esprit consolateur !

Su-Tchuen, avril 1863.

Orléans. — Imp. Ernest Colas.

OUVRAGES DU MÊME AUTEUR.

———

Études sur l'Irlande contemporaine, précédées d'une Lettre de Mgr l'Évêque d'Orléans, 2 volumes in-8°.

L'Oratoire de France au XVII° et au XIX° siècle, 1 volume.

Discours sur l'Histoire de l'Église, brochure in-8°.

ORLÉANS. — IMP. ERNEST COLAS.